Dieses Buch gehört:

FLORIANKLASSE 1C

Rüdiger Bertram, 1967 in Ratingen geboren, arbeitete lange als Medienjournalist und Drehbuchautor, ehe er begann, Kinder- und Jugendbücher zu schreiben. Gemeinsam mit dem Illustrator und Comiczeichner Heribert Schulmeyer hat er u.a. die erfolgreiche Serie „Coolman und ich" veröffentlicht.

Herribert Schulmayer, 1954 geboren, fand schon als Kind Freude am Zeichnen von Comics, das er bis heute mit Ausdauer betreibt. Er studierte freie Graphik und Illustration an der Kölner Werkschule, machte sich einen Namen mit Comics für Erwachsene und illustriert sehr erfolgreich Kinderbücher.

Rüdiger Bertram

Familie Monster feiert Geburtstag!

Mit Bildern von
Heribert Schulmeyer

Verlag Friedrich Oetinger · Hamburg

Inhalt

1. Ein großer Wunsch

Das ist Paul.
Er hat bald Geburtstag.
Da wünscht er
sich einen Hund.

Paul ist ein Junge,
genau wie du.

Aber seine Familie
ist anders als
deine Familie.

Pauls Eltern sind
richtige Monster.

Genau wie
sein Bruder Igor und
seine Schwester Olga.

7

Als Paul ein Baby war,
haben sie ihn
gefunden.

Mitten in der Nacht.
Allein in einer
Geisterbahn.

Seitdem lebt Paul
bei Familie Monster.
Wie ein richtiges
Monster-Kind.

„Krieg ich einen Hund?",
fragt Paul.

„Wir haben doch
schon eine Katze",
sagt Monster-Mama.

„Und wer geht dann
mit dem Gassi?",
fragt Monster-Papa.

„Ich krieg Pickel
von Hunde-Haaren",
sagt Olga.

„Wenn der mich beißt,
beiß ich zurück",
sagt Igor.

2. Ein Geheimnis

Morgen hat Paul
Geburtstag.
Aber alle benehmen
sich so komisch.

Wenn Paul ins
Zimmer kommt,
fangen sie an
zu kichern.

Wenn Monster kichern,
ist das nicht leise.
Wenn Monster kichern,
wackelt der Boden.

Paul geht zu
Olga ins Bad.
Sie schläft dort
in der Badewanne.

„Warum kichert ihr?",
fragt Paul.

„Das ist ein Geheimnis",
sagt Olga und kichert.

Paul geht zu Igor.
Der schläft unterm Sofa.
„Warum kichert ihr?",
fragt Paul.

„Verrat ich nicht",
sagt Igor und kichert.

„Warum sind alle
so komisch?",
fragt Paul.

„Lass dich überraschen",
sagt Monster-Papa.

„Aber ich kann vor
Aufregung nicht schlafen",
sagt Paul.

16

„Dann schlaf bei uns",
sagt Monster-Mama.
„Dann klappt das schon."

Und das stimmt!
Paul schläft sofort ein.

3. Der große Tag

Am Morgen bekommt
Paul eine Torte.

„Blas die Kerzen aus!",
rufen Igor und Olga.

Aber das schafft
Paul nicht.
Die Kerzen sind
einfach zu groß.

Da pusten alle mit.
Die Sahne fliegt durch
die ganze Küche.
Lecker!

„Dein Geschenk bekommst
du nach der Schule",
sagt Monster-Mama.

„Was denn? Einen Hund?",
fragt Paul aufgeregt.

Aber Mama und Papa
und Igor und Olga
verraten kein Wort.

Pauls Geburtstag
wird auch in seiner
Schule gefeiert.

Paul hat einen Topf
auf dem Kopf.

In der Monster-Schule
darf man das nur an
seinem Geburtstag.

Die Lehrerin kratzt
mit Kreide über
die Tafel.
Nur für Paul.

Monster lieben
das Geräusch.
Paul nicht.

Dann ist die Schule
auch schon vorbei.

Paul rennt schnell
nach Hause.

Er will wissen,
was er geschenkt
bekommt.

4. Überraschung

Pauls Eltern
warten schon auf ihn.
Aber nicht allein.

Sie haben alle ihre
Freunde eingeladen.

„Achtung! Er kommt",
ruft Monster-Papa.

Da verstecken sich alle.
Sie wollen Paul
überraschen.

Monster-Mama und
Monster-Papa krabbeln
unter den Tisch.

Olga klettert auf
den Schrank.

Die anderen Gäste
verstecken sich
unterm Teppich.

27

„Keiner da?", ruft Paul.

Da springen die Monster
aus ihren Verstecken.

„Alles Liebe zum Geburtstag!", brüllen sie.

Das laute Brüllen
schleudert Paul
in den Garten.

Zum Glück landet er
weich auf dem Rasen.

30

Familie Monster
läuft schnell zu ihm.
Genau wie die
anderen Gäste.

Da fällt die Tür zu.
Die Monster haben
sich ausgesperrt!

5. Übers Dach

Die Haustür ist eine
richtige Monster-Tür.
Die lässt sich
nicht eintreten.

Aus dem Haus
ertönt lautes Bellen.

„Ein Hund!", ruft Paul.

„Dein Geschenk",
sagt Monster-Mama.

„Aber der ist drinnen
und wir draußen",
sagt Monster-Papa.

Oben im Dach ist
ein Fenster offen.

Da kann man
reinklettern.

Aber nur Paul.
Die Monster sind
zu groß dafür.

Monster-Mama
steigt auf Papas
Schultern.

Dann kommt Olga
und dann Igor.

Sie machen eine
Monster-Leiter.

Paul klettert
auf das Dach.

Von da steigt er
durch das Fenster
ins Haus ein.

Schnell rennt er
die Treppe runter.

Paul spielt mit
seinem Hund.
Er ist glücklich!

Draußen stehen
seine Gäste.

Fast hätte er
sie vergessen.

Schnell lässt er sie rein,
damit sie feiern können.
Alle gemeinsam.

Willkommen in der LESESTARTER Rätselwelt

Hast du Lust auf noch mehr
Lesespaß?

Dann findest du hier viele tolle
Rätsel und spannende Spiele.
Auf der nächsten Seite geht es
schon los!

Viel Spaß!

Lösungen auf
Seite 56–57

Kannst du dich erinnern?
Beende die Sätze.

Wenn Monster
kichern, wackelt der

T Tisch.
F Boden.

Die anderen Gäste
sind unterm

E Teppich.
O Schrank.

Die Lehrerin kratzt
mit Kreide über die

LL Tischplatte.
ST Tafel.

Lösungswort:

F E ST

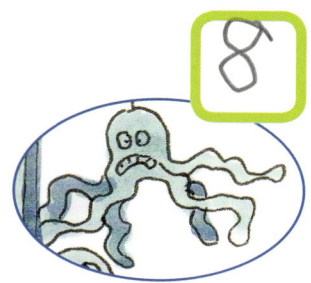

Wo findest du diese Ausschnitte? Schreibe die Seitenzahlen auf.

Spürnase

LESESTARTER

**Satz für Satz kannst du
Figuren wegstreichen.
Wer bleibt übrig?**

Ich bin nicht Paul.

Ich trage keinen Hut.

Ich gehöre zur Monsterfamilie.

Über und unter mir ist ein
Monster.

Ich berühre Olga.

Ich bin:

igoer

44

Ge

Gä

Tor

ste

Ge

burts

schenk

tag

te

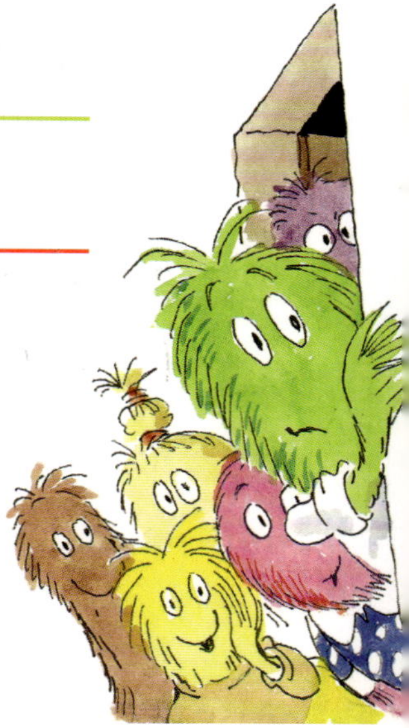

Hier sind 4 Wörter durcheinandergeraten. Kannst du sie wieder zusammensetzen?

Wort-Kuddel-Muddel

LESESTARTER

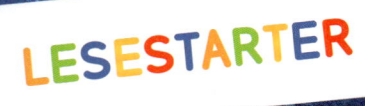

Welchen Weg muss Paul durch das Labyrinth nehmen?

Sammle die Buchstaben auf dem richtigen Weg ein. So erfährst du, wie Pauls Hund heißt.

TASSILO

T   A   S   B   S   K   O   I   L

Ziel

47

Kannst du auch wie ein Monster brüllen?

Du brauchst: Papier, Schere, Stifte

Schneide einen 3x5cm großen Papierstreifen zu. Knicke den unteren cm nach hinten, sodass dein Papierstreifen stehen kann. Male Paul auf das Papier. Stelle ihn auf den Tisch und gehe vor dem Tisch in die Hocke. Versuche, Paul nur durch dein Gebrüll umzukippen.

1. Welches Wort kommt in diesem Buch nicht vor?

Schulhof

Kreide

Badewanne

2. Welches Bild findest du nicht in diesem Buch?

Hier wurde Falsches hineingeschmuggelt.

Nicht da

Spiel für zwei!
Wer pustet am besten?

Du brauchst:

- **6 Spielfiguren als Kerzen**
- **2 Münzen (10 Cent) als Spielfiguren**
- **2 Strohhalme**
- **1 Würfel**

Stelle die Spielfiguren in die Torte und die Münzen auf das blaue Feld. Würfelt abwechselnd und lauft hin und her. Landest du auf einem Tortenfeld, nimmst du deinen Strohhalm in den Mund, holst einmal tief Luft und versuchst, die Kerzen auf der Torte umzupusten. Dabei darfst du deinen Strohhalm aber nur über die Monster halten. Wer zuerst 20 Kerzen umgepustet hat, gewinnt das Spiel.

Bilderrätsel

Findest du das Lösungswort?

 L A M P E

H A N D

 T O P F

K E R Z E

 T A S S E

LÖSUNGSWORT:

M O N S T E R

A   B   C

Welches Puzzleteil passt?

Löse das Rätsel und finde weiteren Lesespaß.

1) Paul war noch ein …, als seine Familie ihn gefunden hat.

2) Auf der Nase trägt Paul eine … .

3) Welche Farbe hat Pauls Papa?

4) Auch an seinem Geburtstag muss Paul in die … .

5) Pauls Schwester heißt … .

6) Welches Tier hat die Monsterfamilie schon?

7) Wer pustet die Kerzen der Geburtstagstorte aus?

8) Pauls Bruder heißt …

9) Monster-Mama und Monster-Papa verstecken sich unter dem … .

Ein anderes Buch von Paul und seiner
Familie heißt:
„Familie Monster ...

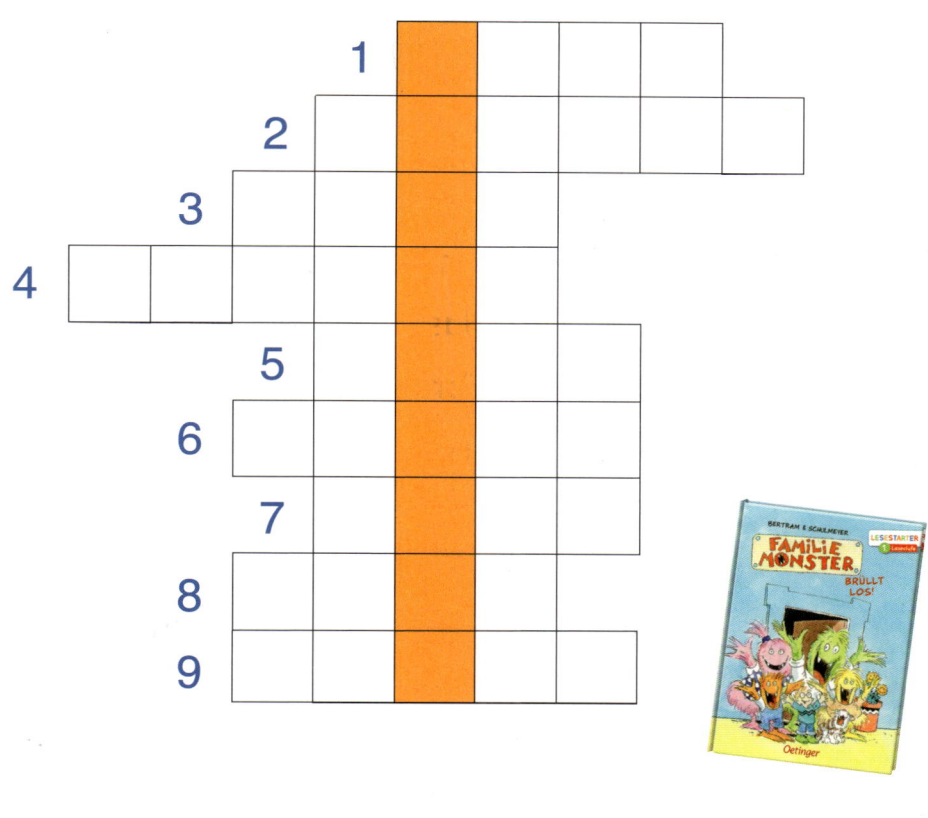

_ _ _ _ _ _ _ _ _ !"

**Alle Rätsel gelöst?
Hier findest du die
richtigen Antworten.**

Seite 53 · Puzzleteile

A

Seite 54–55 · Kreuzworträtsel

1. Baby
2. Brille
3. Grün
4. Schule
5. Olga
6. Katze
7. Alle
8. Igor
9. Tisch

Lösung: BRÜLLT LOS

Lesespaß für Schulanfänger

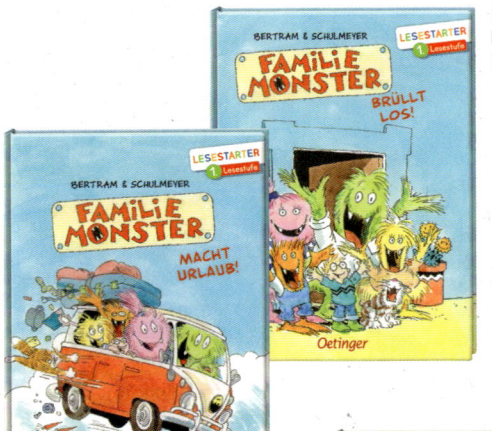

Rüdiger Bertram
Familie Monster brüllt los!
ISBN 978-3-7891-1277-5

Astrid Lindgren
**Ich will auch
in die Schule gehen**
ISBN 978-3-7891-1097-9

Rüdiger Bertram
Familie Monster macht Urlaub!
ISBN 978-3-7891-1279-9

Paul Maar
Der Buchstaben-Zauberer
ISBN 978-3-7891-1105-1

Weitere Informationen unter **www.oetinger.de**

Hier kommen die Olchis!

LESESTARTER 1. Lesestufe

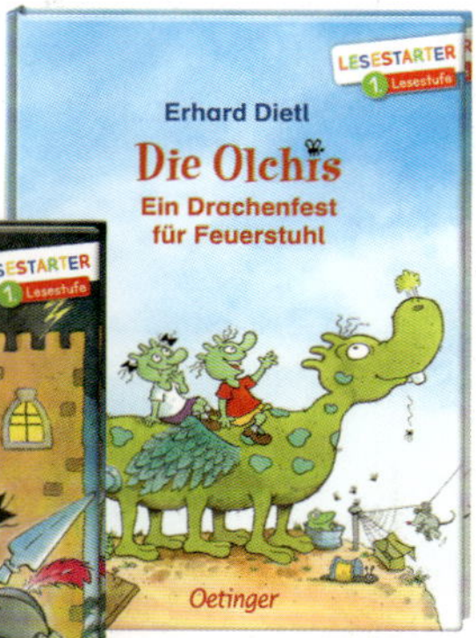

Erhard Dietl
Die Olchis. Ein Drachenfest für Feuerstuhl
ISBN 978-3-7891-1280-5

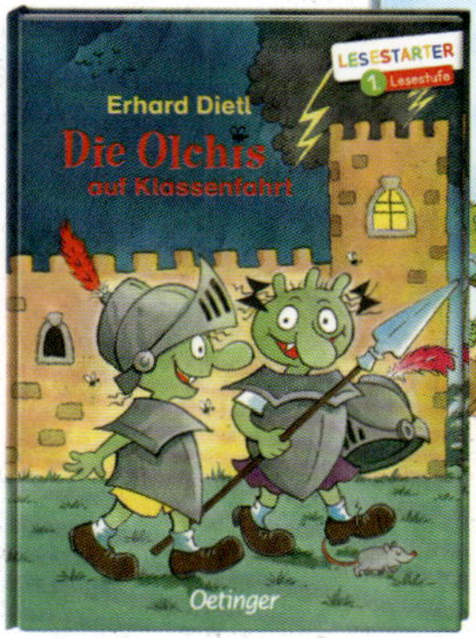

Erhard Dietl
Die Olchis auf Klassenfahrt
ISBN 978-3-7891-1094-8

Erhard Dietl
Die Olchis und der Schmuddel-Hund
ISBN 978-3-7891-1091-7

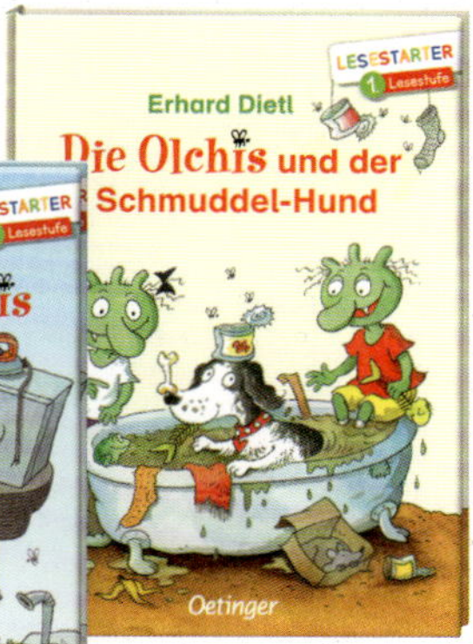

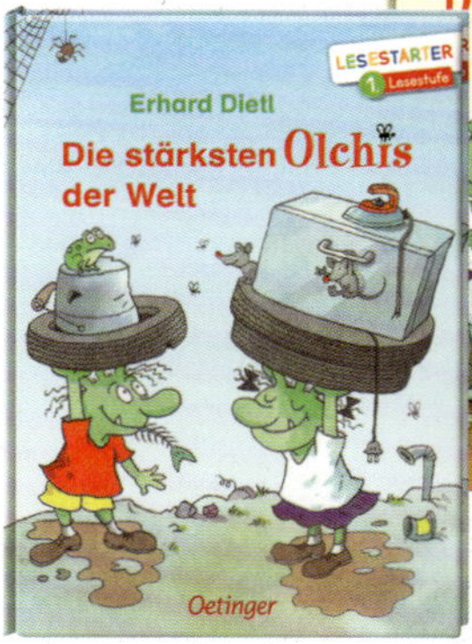

Erhard Dietl
Die stärksten Olchis der Welt
ISBN 978-3-7891-1211-9

Oetinger

Weitere Informationen unter **www.oetinger.de**

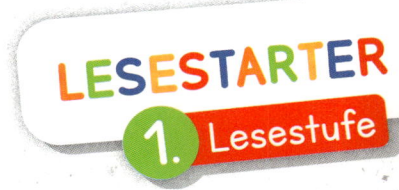

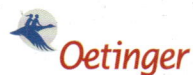

MIX
Papier aus verantwor-
tungsvollen Quellen
FSC® C108521

© 2019 Verlag Friedrich Oetinger GmbH,
Poppenbütteler Chaussee 53, 22397 Hamburg
Alle Rechte vorbehalten
Titelbild und farbige Illustrationen von Heribert Schulmeyer
Einband- und Reihengestaltung von Andrea Pieper
Druck und Bindung: optimal media GmbH
Glienholzweg 7, 17207 Röbel / Müritz
Printed 2019
ISBN 978-3-7891-1038-2

www.oetinger.de